Das himmlisch

Gedi

Ludwig Rubiner

Alpha Editions

This edition published in 2022

ISBN : 9789356788602

Design and Setting By
Alpha Editions
www.alphaedis.com
Email - info@alphaedis.com

Contents

DAS HIMMLISCHE LICHT

Kamerad, Sie sitzen in Ihrem Zimmer allein, unter Menschen schweigen
    Sie still.

Aber ich weiß meine stummen Kameraden hunderttausend auf der Welt,
    zu denen ich reden will.

Wir waren noch klein, da erhob zu uns die Erde ihr bergiges
    Schmerzensgesicht,

In unsre Zehen bebte fernes Geländ, von Sturz und Strudel ums Licht.

Die Menschen in schlaffer Geilheit und träg liebten die Erde nicht mehr,

Aber die Erde schrie, wir hörten sie nicht, und sie donnerte Zeichen her.

O mein Freund, glauben Sie nicht, was ich Ihnen sagen werde, sei neu oder
    interessant.

Alles, was ich Ihnen zurufe, wissen Sie selbst, aber Sie haben es nie aus
    rundem Mund laut bekannt.

Sie haben es zugedeckt. Ich will Sie erinnern. Ich will Sie aufrufen.

Denn Gott rief die Erde für uns alle auf. Seine Stimme hauchte aus dem
    Untermeer Vulkan, der in der Südsee in die Luft flog.

Die kleine Kraterinsel Krakatao stieß den brennenden Atem Gottes aus der
    Erde.

Explosion. Der Ozean spritzte über die Erde, unvergessen in dreißig
    Menschenjahren.

Neues Menschengeschlecht, und das Jahrhundert war lang zu Ende.

Aber aus dem Pacific brannte der Feuerwind des Krakatao in unsere
    Herzen.

GEBURT

Vor unsrer Geburt, in der grünen Südsee platzte die Erde und das Wasser,

Tausend Menschen saßen wie Schnecken auf großen Blättern in Hütten
und versanken keuchend.

Vor Marseille fielen die roten Schiffe um, das Meer schlug vom Mond
herab.

Die Dampfer schnurrten in den Abgrund, lächerliche Insekten.

Als wir geboren wurden, zog Feuer durch die Luft.

Die Schwärme des Feuers flogen um die Erde.

Wehe, wer nicht sehen wollte!

Tausend Menschen, stillhockende Schnecken, waren zu Staub zerplatzt.

Die Tage erblichen für die glühenden Abende.

Die Nächte schwangen rote Palmblattflammen über Berlin,

Die Abende waren gelbe Tiere über der Friedrichstraße.

Berlin, aus spitzen Plätzen, grauen Nebenstraßen, quoll das Blau der
Vulkane.

Die Frauen waren alle allein, die Männer reckten sich auf,

Die Schenkel liefen durch Berlin, heiße Haarberge bogen hoch.

Die Sonne ging immer unter. Die Abendstrahlen, heiß, quollen aus den
Männern.

Die Häuser waren kalkig und bleich. Durch dunkle Zimmer wankte die
Stadt, die Blinde.

Wir wurden geboren, Strahlenlicht kreiste abends über unseren Mündern,

Grüne Südsafthügel hingen vom Mond über uns;

Wir rissen unsere Augen von unserem Blut auf.

Der Himmel flog über alle Straßen der Stadt.

In der Vorstraße aus Zaun und Stein wartete die grauhaarige Mauerdirne
auf die Soldaten.

Wir wußten, daß es andere Länder gibt.

In möblierten Zimmern sannen russische Stirnen über Bombenattentaten.

In den Variétés wurden die fünf englischen Puppenmädchen geliebt.

Die Menschen sitzen in schwarzen Röcken, essen und werden alt.

Am grünen Kanalufer schleppt man Leichen auf den Asphalt.

Die hohlen Häuserwände waren lose und grau.

Kamerad, Sie liefen die Straße auf und nieder, Sie waren blaß vor dem
    heiligen Panoptikumsbau.

Aus dem müßigen Durchhaus der ganz Erwachsenen schoben frisch
geschminkt weiße Weiber mit dicken Bäuchen.

Reisende in alten Bärten bebten betäubt vor Büchern und verklebten
Photographien.

Drüben: starre Inseln in Sonne, Bäume auf gelbem Kies, Bänke, selige
Hotels.

Unter den Linden gingen die verschleierten Ausländerinnen mit den
frierenden kleinen Hunden.

Kamerad, Sie liefen bleich tauchend bis zum Durchhaus, weihevoll.

Die Friedrichstraße fiel zu Boden. Abendherzen im Strahl schwebten auf
    Nebengassen.

Die Luft stand mit Sternen in Ihnen, der Tag war noch hell.

Die Menschen waren dick und rauchten Zigarren. Niemand sah Sie an.

Die Stadt schwebte, es war still im Abendbrand, die Häuser zerfielen unten.

Die Menschen gingen schwer.

Kamerad, Sie waren allein. Niemand hatte das Licht gesehen.

Um die Erde sprühte der südliche Schweiß des Vulkans.

Niemand sah. Berlin schmatzte rollend.

Es war nicht mehr Licht durch buntes Abendglas,

Nicht mehr Fackelwogen hinter Spielpapier:

Flammenschirme vom Himmel bogen um unseren Kopf.

Die Luft schmolz im langen Lichtwind übers Feld,

Drunten lag der harte Sand rötlich wie getretener Mob.

Wir heulten ins Grüne übers Tempelhofer Feld.

Vor schwarzen Fensterschwärmen der schweißigen Hinterhauswände

Stießen wir unsere Flugdrachen hoch in die Windfarben und sogen den
Glanz.

Berlin, Ihr dachtet an Geld.

O Kleinstädte der Welt, über Euch tropften die Farben alle Abend, ehe
Silber und Blau kam.

Kamerad, Ihr Jungenhaar zackte schwarze drohende Felsen über den
gepfeilten Brauen.

Sie haßten den blassen Schimmel der schlaffen Hausdächer.

Wir kannten uns nicht.

Ich rannte gefräßig umher, blond unter Papierlaternen zum Lärmplatz.
Gläserne Lichterkränze. Greise Zauberclowns schrien in goldene Papp-
Trompeten.

Ich nahm meine dunkle Schwester, zarte Knöchel, in die feuchte
Ringkämpferbude.

Damals liebte ich sie so.

O wären wir ausgerückt!

Wir saßen in verdorrten Halbgärten. Soldaten tranken aus Bierseideln.

Wir sahen durch grüne Stuhllehnen auf hölzerne Karussels.

Vor alten Frauen in Würfelzelten zerfransten sich gegossene Glasvasen.

Wir griffen unsere Hand zum letztenmal. Wir warteten.

O vielleicht stand das feurige Licht gleich an unserer Haut: uns allen!

O wir wußten alles. Die grüne Farbe glänzte am Wirtshaustaket

(Einmal gab es wohl Zeiten, da grünten die Frühlinge so fett).

Es war alles für uns und für die anderen gemacht,

Aber früher waren die Tage dumpf und grau, und dies galt als Pracht.

Wir sahen uns an, hinter ihren Augen braun und im vierzehnten Jahr

Schwamm Hingabe, wie Blutstropfen rollte ihr

Lächeln zum Hals, weil das neue Licht um uns war.

Die Buden kreischten, eine Tombola knarrt, rote Dienstmädchen träumen
selig und taub,

Wir wußten, so war früher ein Fest, bald stehn hier Häuser in steinernem
    Staub.

Warum sieht niemand das Licht? Um uns ist das Licht. Die Erde stößt
    leuchtende Brunnen empor,

Glutlöcher im Himmel, brennende Riesenschornsteine von Glas,
        Lichtsturzstufen herab wie eines Wasserfalls strahlendes Rohr.

Wie Pilze klein verwittern grünliche Buden um Limonadenlicht und
    lärmfarbenes Früchte-Eis.

Wir beide waren sprießende Wälder, wimmelnde Erdteile in Himmel und
Licht, um unsere Glieder floß das helle Meer. Wir waren uns fremd. Wir
wirbelten tief durch blaue Lichtkugeln im Kreis.

O neue Zeit! Zukunft! Preiselbeerrote Feierlichkeit! O Preis!

DAS LICHT

Vom gelben Himmel rollte ein funkelnder Treibriemen durch Yokohama: heut abend sind die bunten Leuchtstraßen matt.

Schmale Sterne der hellen Nacht gehn hinter Fabriken auf.

Europa tanzt wie ein brauner Hund vorm Mond. Gelbe Menschen kommen in schwarzen Röcken wie aus einem Jungfrauenbad.

Paris, wilder Lanzenschein, wenn das Gitter des Luxembourg aus dem Garten der Erde aufsprüht:

Einsiedler kochen Gold auf dem heiligen Berg, die Menschen schaukeln in großen Betten, von Afrika wehen weiße Tücher durch Palmenufer her.

O helle Himmelssäge hinein nach London, wie ein Bergwerk liegt die Stadt unterm fallenden Licht, Diamanten über den Gitterluken der Bank von England, o roter Tower in Whitechapels Schweiß, sechstausend Mann morgens fünf in den Docks, drüben die Felsen des Kaplands, Nigger brechen in die Knie.

Es floß aufkochend flammengrün durch Petersburg, Kiew, Nischny, Odessa,

Mondgoldene Kathedralen im Schlamm, unter Euch Moskau bebt wie ein roter Menschenwald von vielen Glocken, o runde Dächerblüten,

Mauern weich wie Bärte hinauf für die Menschen, Hoch von Spitzen und Kugeln grünes Fliehen über kupfernen Tag.

Boston, Chicago, über nackte Arme und Zylinderhüte hin zischt das Licht wie Riesenfunken von elektrischen Schnellbahnen,

Über San Franciscos Hotelgebirge leicht und hoch hinüber, durch Kulistädte, Ghettos, Spiegelschein in Fahrstuhlschachte, o Nimbus, Seligkeit, Frühling.

Halt!

Still und grell durch die donnernden Eisenschatten der Brücke New York.

Wir liefen unbekannt durch die weit klappernde Friedrichstraße.

Berlin, hinter schmalen grauen Asphaltgassen flog das rote brennende Fenster himmelsoben zu uns her, o unsere Herzen!

Nachmittags halb fünf, ein Wind ging kurz herüber, häuserleuchtend. Die Zeit war neu.

Fliegende Zeichen zu uns von runden Himmelsbögen.

Milde Zeichen, Himmelslichter neue Häuser zu bauen Sonnentürme,

Sterndächer, Berlin noch feucht, Gottesstadt, schwebend, gläsern hinauf.

Milde Himmelshand, ruhigste Palmglut, herunter zu uns über Schornsteinfassaden.

O Südseeblut, getrieben zu unserm Blut.

Aber wartet Ihr noch? Wir sehen uns um, Kamerad, (Wir kennen uns nicht!) bleich, stehenden Herzschlags, niemand merkt was.

Worauf wartet Ihr noch? Was habt Ihr zu denken?

Halt, Ihr wollt bummeln, schachern, Frauen bepaaren, Ihr werdet essen, lesen, Nachrichten hören, Ihr zählt Eure Stunden:

Aber die neue Zeit ist da. Ihr saht nicht das Licht durch das feurige Fenster der Erde!

Die Menschen schwitzen blind. Die Dächer rollten auf in Angst und
    sanken zurück.

Die Fenster troffen dunkel trüb,

Die Häuser blähten grau löckerig Teigwände.

Menschen, Ihr lagt in den Städten wie gärende Wasserpflanzen,

Der Wind schoß über die Menschen, sie trieben scheppernd nach Geld,

Der Fächer des Himmels, in sieben Gluten, schlug auf, sie rückten die
    schwarzen Hüte, mit zugewachsnem Aug, angesoffen und dick.

DIESER NACHMITTAG

An diesem Nachmittag standen alle Kellerfenster offen, das faule Stroh wurde hinter den Polizeitritten auf die Straße geschmissen und zersank.

Die Fabriken stießen spinnwebene Fenster auf, Sauseluft um eiligen Ölgestank.

Unter den dumpfen Brückenbögen räkelten sich Geschwüre und blaßnacktes Fleisch, Fetzen, Lauslöcher, Wunden mit Maden.

Hinter den Bänken in grell dürren Parks, aus bestaubten Büschen krochen Beine hervor auf die feinen Promenaden.

In Paris, rauschend in Hell, in dem Hammerschlag

New York, in Frisco voll Straßenbahndampf, dem

harten, schattenlosen Madrid, London, dem gasflammengelben,

Im Leierkastengeklirr Berlins unter Springbrunnen sonnenstaub geklopfter Teppiche, im Neuen Heil Berlin, vorbei an den fetten Riesenbrotreihen der Straßen

Brachen bleiche Köpfe empor, Aufbruch unterirdischer Riesenpusteln,

Faserhaare dünn über gequetschten Wurmmäulern; brauenlos runde Augen wie von ertränktem Aas messen die Straßen ab, Fliegen steigen klebrig auf vom Geruch,

Die Erde erhebt das Haupt der Bleichen, O unsichrer Marsch der Halbtoten, Nächtigen, ewig Versteckten. Blaßweiße Wurzelmienen, o Letzte, Unterste, Sarglose, ewig Halbeingegraben in kalten saugenden Dreck, tastender Zug in spähender Unsicherheit, die Nacht ist nicht da, sie dürfen sehen. Sie sehen.

Sie sehen.

Der Himmel lief ihnen wie ein dünner Faden blau über die Erde hin. Aber in der Straße sahen sie den langen aufschießend flammenden Finger des Lichts.

O gab es noch Häuser, schwere Straßen, Schutzleute mit harten Stiefeln? Das himmlische Licht bergan schmolz mild zur rötlichen Kugel halb hinter Dächern auf.

Es war eine Orange, wie in dem vornehmen, betteln verboten,
	Eßwarenverkauf,

Es war ein wildes Zehnmarkstück wie hinter dem Fenster der
	Wechselbank,

Ein rotes rundes Glas Bier aus einem Aschingerschank,

Ein Schinken, ein Mund, Weiberbrust, ein Hut mit 'nem Band, ein Loch
das rot klafft,

Ein weiches buntes Kissen. Ein Vogel im Käfig. Eine Tabakpfeife pafft.

Eine Tür offen zu 'nem menschenleeren Kleiderladen,

Ein rotes Boot am lauen Fluß zum Baden.

An diesem Nachmittag sah der arme Mob das Licht.

Es lief vor ihm her. Die anderen sahen es nicht.

Sie schwankten unsicher hinein in den Strahl, wie ein bleiches Rübenfeld
kraftlos von schlechtem Dung.

Aus zerschlissenen Winkeln in den Städten der Welt brach göttlicher
	Glockenschwung.

O seliges Fliegen: Pustblumen im Hauch, die Stengel gefesselt und kahl,

Die zitternden Heere zerlumpten Leibs reckten gedunsene Köpfe zum
	himmlischen Strahl.

Um die ganze Erdkugel schwang tief durch die Winkel wie ein Klingelblitz
	das Licht.

Der Mob auf dem bewachsenen Ball hob hoch sein Kellergesicht.

Sie hatten wie sterbende Asseln wimmelnd im fauligen Dunkel gelegen,

Sie stürzten heraus, als gäbs Kinderfest, gelbe Luftballons mit buntem
	Bonbonregen.

Alle morschen Füße über die Meere hin stiegen zum Marsch, schmutzige
	Tücher wehten, da dehnten sich Arme, schwach und zerknüllt.

Sie schluchzten faltig und heiser, Riesenstimmen schrien über die Erde:
die Zeit ist erfüllt!

Sie hatten wie Tote am Dunkel gesogen, sie warteten auf das Wunder und
waren stinkend verreckt.

Aber heut hatte ihnen das Licht süß bis in den Magen geleckt.

Sie drängten eng durch die Straßen zum Himmel. Über Omnibushöhen lief das Wunder auf die Köpfe hin. Die vollen Straßenbahnen schoben in schallenden Scherbendeich.

Sie marschierten rund über die Erde. Nun gab es ewig Musik und warmes Essen und das tausendjährige Reich!

DIE FEINDLICHE ERDE

Der Eiter der Erde lag in den Häusern. Unter hellen Lichtern saßen
schmatzende Jobber.

In Nebenzimmern ragten gelangweilt lange schwarze Strümpfe,
trägzuckende Schenkel über schwere geile Rücken.

Hintern tanzten vor polierten Klavieren, dunkle Langhaare geigten.

Kluge hielten in seidnen Salons Vorträge, daß alles auf Erden immer gleich
bleibe.

Weiche Bartlose sprachen unter sich von dem Ekel am Weibe.

In steinernen Museen schritten sanft die ausgeschlafenen Kenner.

In heißen Redaktionen schrieb man die Lebensläufe berühmter Männer.

Die Zimmer der Stadt wölbten sich wie ein ungeheurer fetter Bauch, die
Dachkuppeln lagen krumm strähnig über der breiten flachen Stirne.

Hinter den Fenstern saßen schnaufend träge Menschen steil wie dicke
Riesenfinger.

Die Häuser glotzten wie die Freßzähne an einem ungeheuren, gähnenden
Jahrmarkts-Ringer.

Die Erde faulte länglich auf zur wimmelnden himmlischen Birne.

Der Himmel rollte herum dunkel funkelnd im schwarzen hohlen Oval.

Das Licht war eingesogen in stampfende Kessel und Telegraphenstrahl.

Der Lampenschein strich klein durch die Straßen wie Wurmaugen nachts
im Korn.

Das Licht war fort von der kleinen Erde, niemand saß in der Sonne oder
blickte zum mondlichen Horn.

Die Trägheit schlug an die Ufer, faulende Riesenalgen wanden sich
erdenrund um die Schimmelgrüne.

Drunten im Trüben schrieben wimmelnde Menschen noch eilige servile
Telegramme, Briefe, Denunziationen voll Ranküne.

Tänzerinnen, Barone, Agenten, Geheimräte, Schutzleute, Ehefrauen,
Studenten, Hauswirte freuten sich auf ihre dampfende Nacht.

Aber der arme Mob schaute das Wunder und war zur neuen Zeit
aufgewacht.

Die böse gestörte Wut zitterte über die verregneten Telegraphenstangen,

Als die mürben Armen ohne Essen und Trinken zum göttlichen Himmel
marschierten, wurden sie mit hartreißenden Flintenkugeln empfangen.

SIEG DER TRÄGHEIT

Die armen Buckel, demütige Schultern, zogen selig zur neuen Zeit und
    wußten nur dies.

Die Erdschale blätterte zitternd vor ihnen ab, ein Schlammgeschwür
schwoll auf, klebrige Barrikaden liefen ins Dunkel um, weich drohende
Saugnäpfe wie ein gieriger Blutegelfries.

Die armen Menschenköpfe und Leiber stießen an die mächtige Mauer von
grauzitterndem Brei,

Ein Schleim floß wie fette Aale nächtlich um sie und vergurgelte ihr
Geschrei.

Das schwarze Gebirg von langsamem Leim schloß hinter ihnen sein
    triefendes Tor,

Durch träge Blasen klatschten strudelnde Glieder wie versinkendes Stroh
    im Moor.

Schwankend bebt es herab und fließt zäh ab. Ein schwarzes Loch dreht
    sich schluckend und faul,

Eine kalte Riesenfresse wälzt auf, Bergfalten um ein zahnloses saugendes
    Maul.

Die Menschenwälder zappelnd zum Tod trieben erstickt mit sausendem
    Kreis hinab in den dunklen Schlauch.

O Aufstand zum Licht! o Erdengesicht! O Endnacht im trägen riesigen
    Bauch!

Kamerad, und wissen Sie noch, wie die blanke Polizei auf dicken
Maschinenstiefeln aus den Nebenstraßen fiel?

Trafalgar Square war dunkel und hell wie ein schreiender Rohrteich, im
Londoner Mittagswind.

In Berlin stampften Schüsse heiß ins Geschrei, die graugrüne
Schloßkuppel lag lieblich über dem leeren langen Platz.

Wiehern in den Newski Prospekt, im Winterfrost drückten sie den Mob
tot!

Und wissen Sie noch, daß schnelle Gefängnisse mit Wärtern und
Prügelstrafen gebaut wurden?

In Japan Köpfe ab. Über Rußland standen frische Galgenbäume.

In New York die Faust vom dritten Grad den Angeklagten so lang ins Gesicht, Hunger und Heißfolterdurst, bis sie lieber im elektrischen Stuhl von Sing-Sing starben.

Aber Madrid, o Gefängnisse von Monjuich, blutstöhnend. Man schraubte eiserne Wechselstromhelme an die Schläfen zum Irrsinn. Und allen quetschte man Tag für Tag die Hoden langsam zusammen.

Der erste Blutstropfen hatte dick und schwarz die Erde erreicht.

Das himmlische Licht war verschwunden schräg zuckend über die spitzen
    Dächer hin.

Der Abend stieg wie Schnalzen aus dem Fett der geilen Städte.

Die bleichen Lampen bissen Schatten um Herren mit Mappen unterm
    schwitzenden Arm,

Dünne Frauen hoben vor ihnen die Röcke hoch.

O kleine Erde, was hast du vergessen!

Du feindliche hast das Licht Gottes gefressen.

Die Sterne wehren dein gieriges Kreisen mit strahlendem Dorn,

Aus deinen Wunden bricht in Blutsäulen der himmlische Zorn.

Deine Städte und Berge rollen taumelnd im nächtlichen Rund,

Bis unter deinen dumpfen Menschen gesiegt hat der geistige Bund.

DER MENSCH

Im heißen Rotsommer, über dem staubschäumenden Drehen der rollenden Erde, unter hockenden Bauern, stumpfen Soldaten, beim rasselnden Drängen der runden Städte

Sprang der Mensch in die Höh.

O schwebende Säule, helle Säulen der Beine und Arme, feste strahlende Säule des Leibs, leuchtende Kugel des Kopfes!

Er schwebte still, sein Atemzug bestrahlte die treibende Erde.

Aus seinem runden Auge ging die Sonne heraus und herein. Er schloß die gebogenen Lider, der Mond zog auf und unter. Der leise Schwung seiner Hände warf wie eine blitzende Peitschenschnur den Kreis der Sterne.

Um die kleine Erde floß der Lärm so still wie die Nässe an Veilchenbünden unter der Glasglocke.

Die törichte Erde zitterte in ihrem blinden Lauf.

Der Mensch lächelte wie feurige gläserne Höhlen durch die Welt,

Der Himmel schoß in Kometenstreif durch ihn, Mensch, feurig
    durchscheinender!

In ihm siedete auf und nieder das Denken, glühende Kugeln.

Das Denken floß in brennendem Schaum um ihn,

Das lohende Denken zuckt durch ihn,

Schimmernder Puls des Himmels, Mensch!

O Blut Gottes, flammendes getriebnes Riesenmeer im hellen Kristall.

Mensch, blankes Rohr: Weltkugeln, brennende Riesenaugen schwimmen
    wie kleine hitzende Spiegel durch ihn,

Mensch, seine Öffnungen sind schlürfende Münder, er schluckt und speit die blauen, herüberschlagenden Wellen des heißen Himmels.

Der Mensch liegt auf dem strahlenden Boden des Himmels,

Sein Atemzug stößt die Erde sanft wie eine kleine Glaskugel auf dem
    schimmernden Springbrunnen

O weiß scheinende Säulen, durch die das Denken im Blutfunkeln auf und
   nieder rinnt.

Er hebt die lichten Säulen des Leibs: er wirft um sich wildes Ausschwirren
von runden Horizonten hell wie die Kreise von Schneeflocken

Blitzende Dreiecke schießen aus seinem Kopf um die Sterne des Himmels,

Er schleudert die mächtigen verschlungenen göttlichen Kurven umher in
der Welt, sie kehren zu ihm zurück, wie dem dunklen Krieger, der den
Bumerang schnellt.

In fliegenden Leuchtnetzen aufglühend und löschend wie Pulsschlag
   schwebt der Mensch,

Er löscht und zündet, wenn das Denken durch ihn rinnt,

Er wiegt auf seinem strahlenden Leib den Schwung, der wiederkehrt,

Er dreht den flammenden Kopf und malt um sich die abgesandten, die
sinkend hinglühenden Linien auf schwarze Nacht:

Kugeln dunstleuchtend brechen gekrümmt auf wie Blumenblätter,
zackige Ebenen im Feuerschein rollen zu schrägen Kegeln schimmernd ein,
spitze Pyramidennadeln steigen aus gelben Funken wie Sonnenlichter.

Der Mensch in Strahlenglorie hebt aus der Nacht seine Fackelglieder und
gießt seine Hände weiß über die Erde aus,

Die hellen Zahlen, o sprühende Streifen wie geschmolznes Metall.

Aber wenn es die heiße Erde beströmt (sie wölbt sich gebäumt),

Schwirrt es nicht später zurück? dünn und verstreut hinauf, beschwert mit
   Erdraum:

Tiergeblöke. Duft von den grünen Bäumen, bunt auftanzender
Blumenstaub, Sonnenfarben im Regenfall. Lange Töne Musik.

O Erde! Der Mensch schwebt zu seiner Erde hinab,

Gottes Blutstropfen fror im eisigen Draußen dunkel und spitz.

Sein Schnitt dringt in die Erde, und hinter ihm zischt die blaue Luft wie
   Wolkenschwung von tausend Geschützen.

Der Mensch drang in die Erde, die blaue Eishülle seines Willens umstrahlt
ihn noch.

Der Mensch drang in die Erde wühlend und scharf wie ein Keim, der zum
Schoß feindlich saust,

Die Erde barst klaffend, die Berge stoben zu grünem Staub, die grauen
Türme der Städte tanzten in seiner Faust.

Er stieg aus den dunklen Höhlen, um ihn bebte Trümmersturz und
qualmender Brand.

Er schritt durch wehende Menschenrotten. Das himmlische Licht war
verborgen. Er blieb unerkannt.

DIE STIMME

O Mund, der nun spricht, hinschwingend in durchsichtigen Stößen über die
gewölbten Meere.

O Licht im Menschen an allen Orten der Erde, in den Städten fliegen
Stimmen auf wie silberne Speere.

O Trägheit der kreisenden Kugel, du kämpftest gegen Gott mit
fletschenden Tierlegionen, Urwäldern, Säbeln, Schüssen, bösem
Mißverstand, Mord, Epidemien:

Aber der Lichtmensch sprüht aus der Todeskruste heraus. In den Fabriken
heulen Ventile über die Erde hin. Er hat seine Stimme in tausend
Posaunen geschrien.

Eine Stimme schnellte hoch, glasschwirrend ein harter Stahlpfeil, der in
Glut blank zerknallt.

Eine Stimme über Amerika, unter schweißigen Negern, die demütig das
Weiße der Augen drehen; unter deutschen Flüchtlingen, bärtig zerpreßten
Bettlern, unter hungernden Juden, die das glitschige Ghetto finster
zusammenballt.

Eine Stimme unter den entkräfteten Arbeitern, drei Millionen, die alle Jahr
einsam absterben nach neuen Fabriksystemen,

Eine Stimme unter zerfressenen Frauen im bunten Hemd, denen die
Bordellmeister das Geld abnehmen.

Unter starren Chinesen im Hungergeruch, die Tag und Nacht feine Wäsche
waschen,

Eine Stimme über den Broadways, wo Arbeitslose nach fortgeworfenen
Speiseresten haschen.

Eine Stimme schwang zart wie der dünne steigende Schrei des Dampfs eh
die vieltönigen Wasserblasen aufkochen,

Sie sprang wie Windsand in stumme Münder hinein, sie glitt wie
Flötenkraft müden Schleppern über geduckte Knochen.

Durch steilschwarze Stuben schwebten Sonne und Mond, die Sterne zogen
durch stinkende Tapeten aus rissigen Flecken.

O vielleicht geht das himmlische Wunderlicht auf, bevor alle zu Aas
verrecken!

Eine Stimme flog und sog sich voll aus schmutziger Werkstättenzeit,

Die Wut und die Hoffnung kreisten wie Blut, und der Haß, der naß bespeit.

Eine Stimme haucht schwarz über schlechtes Papier aus bankrottierten
Druckermaschinen,

Eine Stimme las das Flüsterwort: Streik! in den roten Schächten der
Coloradominen.

Sie liegt wie heißer Rauch auf schaukelnden Häfen; mißtrauischen Kneipen;
im verhungerten Dorf; wenn der geplünderte Bauer sät;

 In Städten schreit sie Signalgeklirr über wirre Versammlungen hin, wo
Polizei die Türen bespäht.

O Münder, daraus die Stimme des Menschen brennt!

O trockene Lippen, sechzigjährig, trauernd schlaff umstoppelt, die sich
flach öffnen, weil vor dem Tod Einer bekennt.

O irre rote Zungenglut hinter weißen Negerzähnen, die Stimme gurgelt im
Glücksgesang.

O Mund, rundes schallendes Tor, Hall und Lust, Volkschoral, daß der Saal
mitschwang.

O bitterer Nähmädchenmund, der nach Gerechtigkeit klagt und schrill
Groschen und Wiegpfunde zählt.

O faltiger Rednermund, der auf und nieder wie Eulenaug geht, und Effekte
wählt.

O Mann im blauen Hemd, der in Fabrikpausen hastig Propaganda treibt.

O sorgfältiger Beamter, der nach allen Poststationen Briefe und
Werbelisten schreibt.

O Demütiger, verlegenes Herz, der nur einmal einem Guten die Hand
drücken mocht.

O Stummer, der zum erstenmal spricht, und in einem Satz sich prasselnd
verkocht.

Eine Stimme flammt über Europas autofahrenden Frauen, über krummen
schweigsamen Kulis im Australischen Strauch.

O Münder, wie viele warten auf Euch, Ihr schallt, und sie öffnen sich auch!

Auf der runden Erde floß das Meer im Wind über den Strand und zurück.

Schlapphutredner im Lichtstrahl, hinter Pulten, bei geheimen
Zusammenkünften, an nassen Kneiptischen, sprachen geläufig wirksam
immer dasselbe Stück.

Schwindler warben um Geld. Fastende Heilige schmuggelten verbotene
Zeitungen über die Grenzen,

Gymnasiasten in ihren Aufsätzen wollten zum Zorn der Lehrer mit neuem
Wissen glänzen.

Einsame wurden über die runde Erdkugel hin von Worten getroffen wie
Hafenstädte von aufgefischten Flaschenposten.

In allen Häusern drängen Frauenleiber ans Fenster, um das
vorbeifliegende Abendlicht zu kosten.

DIE FRÜHEN

Die Stimme stieg aus der Erde, sie stieg wie Saft der Erde in
    Menschengebein.

Aus bebenden Ländern trieben sie hoch wie Blasen aus grünem Sumpf,
einzeln und früh. Sie öffneten runde Augen und schauten sich um.

O was sollten sie tun? In ihnen stieg und fiel wie brennendes Blut das
Gedächtnis ans selige Licht. Ein Schein glomm aus der Ferne vor ihrer
rußigen Geburt.

Sie lachten laut über die elektrischen Bogenlampen, über die Cafés, über
die stumpfen genährten Armeen, über die zischelnden Börsenhallen,

Ihre Worte, einzeln und dünn, tropften ab wie Perlengekicher von den
Fenstern der steinernen Parlamente.

O hinauf! Schweben über der satt glucksenden Erde! O aufleuchten
feurige Planetenflüge zwischen den gefletschten Zähnen:

O glühendes Blut vom Himmel, das um ihre gekrümmten Körper rollt,

O schwebender Mensch, Feuermensch, Lichtmensch über den Himmel,
Kamerad, Bruder, Genosse, fern, über der Erde, vor der Erde! Zu ihm!

Die dunkle Erde wälzt sich über die Augen der ganz Armen.

Sie steigt gebläht vor die Augen der Armen, ein feister schwarzer Ball.

O Dunkelheit, Schatten. Drüben ist das himmlische Licht.

O die Erde wegrollen! Aufreißen die schlammige Erdkugel, Löcher
    eintreiben, Schächte zum Licht!

Auseinanderballen den Erdklumpen, der feuchte Dunkelheit über die
    Augen schattet!

Hinein in die Erde, Sturmlauf, Ihr Brüder, an die starre gefräßige Mord-
    Erde,

O die Erde zersprengen zu Milliarden Staubplaneten in Brand,

Die Erde sprengen mit einem Ruck der göttlichen Hand in alle Höhlungen
    des schimmernden Himmels,

O Gottes brennender Finger sein, der das Träge winzig zerstäubt,

O leben im himmlischen Licht, Gemeinsamkeit mit dem göttlichen Menschen des Himmels, Bruderschaft, zu ihm, Chorgesang einer hellsteigenden Vielmundstimme durch das Sonnen-Universum!

Erde, was erhebst Du Deine mächtige Kugel vor dem Bruder des Menschen!

Kommt nun der Kampf? Und der Kamerad des Menschen zerstört Deine Finsternisse, und Du zerplatzest in leuchtende stille Trümmerflocken zum langen gewölbten Himmel?

Aus unreinen Barackenvorstädten schlichen nachts Männer verhüllt durch enge Keller bei Juwelieren ein, unentdeckt.

Männer in Masken sprangen schreiend am Mittag in die Banken, die Kassierer flohen erschreckt.

In Paris wurde die Straßenpolizei aus entschwindenden Autos
    niedergeschossen.
Im Londoner Hundswinkel belagerten straffe Truppen das ärmliche Haus
    der Genossen.
(O gekrümmte Whithechapel-Juden, Ihr seid jung, Eure Eltern röchelten
    mit verdrehten Augen in hundert Pogromen,

Das eiserne Dach über Euch brach auf, wie ein finsterer Synagogenhimmel, der entschwebt; das Licht floß zu Euch.)

Sie lebten nicht weiter, sie wurden verraten, guillotiniert, oder krepierten in
    den Flammen.

O Städte alt in Süddeutschland, bärtige Schullehrer stiegen entrückt wie assyrische Priester auf den Turm unters Licht, und schossen mit rostigen Flinten das Menschengeschlecht unten zusammen.

Sie ergaben sich nicht. Sie standen im Licht. Sie kämpften bei Dachbrand, in den Kleidern Läuse und Kot.

Sie waren allein. Sie hörten die Brüder nicht schrein. O Lichtmensch im Dunkel. O Krieg, der kam. O Tod!

Augen wollten Licht nicht sehen. Ohren hörten keinen Hall.

Träge Erde war verstoßen, Feindschaft schuf den neuen Ball.

Die Menschenkugel zersprang.

O seht den göttlichen Lichtschein um Euch, dann dauert der Krieg nicht
    mehr lang!

DIE ANKUNFT

Ihr, die Ihr diese Zeilen nie lesen werdet. Dürftige Mädchen, die in
ungesehenen Winkeln von Soldaten gebären,

Fiebrige Mütter, die keine Milch haben, ihre Kinder zu nähren.

Schüler, die mit erhobnem Zeigefinger stramm stehen müssen,

Ihr Fünfzehnjährige mit dunklem Augrand und Träumen von
Maschinengewehrschüssen,

Ihr gierige Zuhälter, die den Schlagring verbergt, wenn Ihr dem Fremden
ins Menschenauge seht,

Ihr Mob, die Ihr klein seid und zu heißen Riesenmassen schwellt, wenn das
Wunder durch die Straßen geht,

Ihr, die Ihr nichts wißt, nur daß Euer Leben das Letzte ist, Eure Tage sind
hungrig und kalt:

Zu Euch stäuben alle Worte der Welt aus den Spalten der Mauern, zu Euch
steigen sie wie Weinrauch aus dem Dunst des Asphalt.

Ihr tragt die Kraft des himmlischen Lichts, das über Dächer in Euer
Bleichblut schien.

Ihr seid der schallende Mund, der Sturmlauf, das Haus auf der neuen
gewölbten Erde Berlin.

Ihr feinere dämliche Gelehrte, die Ihr nie Euch entscheidet hinter
Bibliothekstischen,

Ihr Börsenspieler, die mit schwarzem Hut am Genick schwitzend witzelt in
Sprachgemischen.

Ihr Generäle, weißbärtig, schlaflos in Stabsquartieren, Ihr Soldaten in den
Leichenrohren der Erde hinter pestigen Aasbarrikaden,

Und Kamerad, Sie, einsam unter tausend Brüdern Kameraden;

Kamerad, und die Brüder, die mit allem zu Ende sind,

Dichter, borgende Beamte, unruhige Weltreisende, reiche Frauen ohne
Kind,

Weise, höhnische Betrachter, die aus ewigen Gesetzen den kommenden
Krieg lehren: Japan-Amerika,

Ihr habt gewartet, nun seid Ihr das Wort und der göttliche Mensch. Und das himmlische Licht ist nah.

Ein Licht flog einst braunhäutig vom Südseegolf hoch, doch die Erde war ein wildes verdauendes Tier.

Eure Eltern starben am Licht, sie zeugten Euch blind. Aber aus Seuche und Mord stiegt Ihr.

Ihr soget den Tod, und das Licht war die Milch, Ihr seid Säulen von Blut und sternscheinendem Diamant.

Ihr seid das Licht. Ihr seid der Mensch. Euch schwillt neu die Erde aus Eurer Hand.

Ihr ruft über die kreisende Erde hin, Euch tönt 'rück Euer riesiger Menschenmund, Ihr steht herrlich auf sausender Kugel, wie Gottes Haare im Wind, denn Ihr seid im Erdschein der geistige Bund.

Kamerad, Sie dürfen nicht schweigen. O wenn Sie wüßten, wie wir geliebt werden!

Jahrtausende mischten Atem und Blut für uns, wir sind Sternbrüder auf den himmlischen Erden.

O wir müssen den Mund auftun und laut reden für alle Leute bis zum Morgen.

Der letzte Reporter ist unser lieber Bruder,

Der Reklamechef der großen Kaufhäuser ist unser Bruder!

Jeder, der nicht schweigt, ist unser Bruder!

O zersprengt die Stahlkasematten Eurer Einsamkeit!

O springt aus den violetten Grotten, wo Eure Schatten im Dunkel aus Eurem Blut lebend schlürfen!

Jede Öffnung, die Ihr in Mauern um Euch schlagt, sei Euer runder Mund zum Licht!

Aus jeder vergessenen Spalte der Erdschale stoßt den Atemschlag des Geistes in Sonnenstaub!

Wenn ein Baum der Erde den Saft in die weißen Blüten schickt, laßt sie reif platzen, weil Euer Mund ihn beschwört!

O sagt es, wie die geliebte grünschillernde Erdkugel über dem Feuerhauch Eures lächelnden Mundes auf und ab tanzte!

O sagt, daß es unser aller Mund ist, der die Erdgebirge wie Wolldocken bläst!

Sagt dem besorgten Feldherrn und dem zerzausten Arbeitslosen, der unter den Brücken schläft, daß aus ihrem Mund der himmlische Brand lächelnd quillt!

Sagt dem abgesetzten Minister und der frierenden Wanderdirne, sie dürfen nicht sterben, eh hinaus ihr Menschenmund schrillt!

Kamerad, Sie werden in Ihrem Bett einen langen Schlaf tun. O träumen Sie, wie Frauen Sie betrogen; Ihre Freunde verließen Sie scheel.

Träumen Sie, wie eingeschlossen Sie waren. Träumen Sie den Krieg, das Bluten der Erde, den millionenstimmigen Mordbefehl,

Träumen Sie Ihre Angst; Ihre Lippen schlossen sich eng, Ihr Atem ging kurz wie das Blätterbeben an erschreckten Ziergesträuchen.

Schwarzpressender Traum, Vergangenheit, o Schlaf im eisernen Keuchen!

Aber dann wachen Sie auf, und Ihr Wort sprüht ums Rund in Kometen und Feuerbrand.

Sie sind das Auge. Und der schimmernde Raum. Und Sie bauen das neue irdische Land.

Ihr Wort stiebt in Regenbogenschein, und die Nacht zerflog, wie im Licht aus den Schornsteinen Ruß.

O Lichtmensch aus Nacht. Ihre Brüder sind wach. Und Ihr Mund laut offen ruft zur Erde den ersten göttlichen Gruß.

Lightning Source UK Ltd.
Milton Keynes UK
UKHW010747271222
414464UK00004B/251